¿Para qué sirve un VERBO?

Texto de JUANA INÉS DEHESA

Ilustraciones de BEF

editorialserpentina

COLECCIÓN

CAJA DE HERRAMIENTAS

© JUANA INÉS DEHESA
© BERNARDO FERNÁNDEZ por las ilustraciones

Primera edición Editorial Serpentina, 2008

Concept based on the series *Words Are CATegorical*, authored by Brian P. Cleary
and published by Lerner Publishing Group, Minneapolis, Minnesota, U.S.A.
Concepto de la colección basado en la serie *Words Are CATegorical*, del autor Brian P. Cleary,
publicada por Lerner Publishing Group, Minneapolis, Minnesota, U.S.A.

D.R. © Editorial Serpentina, S.A. de C.V.,
     Santa Margarita 430, colonia Del Valle,
     03100 México, D.F. Tel/Fax (55) 5559 8338/8267
     www.serpentina.com.mx
     www.editorialserpentina.com

ISBN: 978-968-5950-38-1

IMPRESO Y HECHO EN MÉXICO
PRINTED IN MEXICO

Si **haces** un postre o **vas** a una fiesta,

si **sales** al patio o **duermes** la siesta,

si **tomas** un taxi o alguna bebida,

los verbos **son** parte central de tu vida.

Arder, **moler**, **gritar**, **cimbrar**,

tocar la guitarra, **tocar** el timbal,

bailar, **cantar**, el cuerpo **mover**,

¡si **es** una acción, **es** un verbo también!

La palabra **asir**, por muy raro que **suene**,

es un verbo, igual que **arrullar** a tu nene;

son verbos **tirar**, **volar** y **temer**,

llorar, **acusar**, **susurrar** y **exponer**.

También sus bemoles **tiene** el verbo **haber**,

pues **puedes** con fuerza la pata **meter**

si **dices** "que **haiga**", ¡qué feo!, en vez de "**haya**":

"Que **haya** delanteros detrás de la raya."

Ya pronto **podremos** las gracias mil **dar**,

una muela **sacar** o una broma **jugar**,

mil burbujas **soplar**, un rasgón **remendar**

siempre y cuando los verbos **sepamos usar**.

De todos los verbos, **hay** uno que **es** "**ser**",

como cuando **digo**: "Yo **soy** Juana Inés",

"esto **es** divertido", "ha **sido** un placer",

"**seré** todo oídos mañana a las tres".

También a los verbos "**estar**" **pertenece**

"yo **estoy** muy contento" o "**estoy** en mis trece";

"**estuvo** divino", "**estate** tranquilo",

"**estás** más orate que un loco babuino".

Si tú **dices** "tengo", si tú **dices** "tiene":

"Lo **siento**, no **tengo** calzones, Irene",

tú **dices** un verbo, el verbo **"tener"**,

chismoso, te **informa** quién **cuenta** con qué.

Pasar, **despejar**, **anotar** o **golear**,

nadar, **sacudir**, **lanzar** o **marcar**,

correr, **balancear**, **rapear** o **rumbear**,

un verbo **hace** tanto que **puede cansar**.

Así que se **puede** sólo **reposar**,

al perro **peinar** o un cuadro **admirar**,

la tarea **resolver**, un galán **parecer**,

o el mar **observar** cuando va a **atardecer**.

Entonces, mi amigo, tú **tira** y **recoge**,

tú **pega**, **acaricia**, tú **llora** y **encoge**,

tú **barre** la calle, **pregúntame** dónde,

¡y **aprende** que el verbo una acción **esconde**!

Los verbos nos **cuentan** de barcos que **surcan**,

de espías que se **espían** y **buscan** trifulca,

de hojas que **caen**, del viento que **sopla**,

la lluvia que **llueve** y el sol que me **arropa**.

Del mar que **da** tumbos, la luna que **mengua**,

de almejas que **ríen** y **sacan** la lengua.

No **importa** si **es** dulce, amargo o acerbo,

¡a todo enunciado le **pones** un verbo!

Aquí ya **concluye** mi disertación,

si acaso sin habla te **deja**, ¡valor!,

sólo **piensa** bien qué verbos **usar**,

y sin **arredrarte comienza** a **rimar**.

¿para qué sirve un **VERBO**?

SE TERMINÓ DE IMPRIMIR EN

EL MES DE AGOSTO DE 2008 EN

EDITORIAL IMPRESORA APOLO,

S.A. DE C.V., CON DOMICILIO

EN LA CALLE DE CENTENO 162,

COLONIA GRANJAS ESMERALDA,

EN LA CIUDAD DE MÉXICO.